DIE 7 WEGE ZUR EFFEKTIVITÄT FÜR UNTERWEGS

STEPHEN R. COVEY

DIE 7 WEGE ZUR EFFEKTIVITÄT FÜR UNTERWEGS

Zeitlose Prinzipien für eine Welt im Wandel

Von Sean Covey

mango
FranklinCovey.
GABAL

Die amerikanische Originalausgabe »The 7 Habits on the Go – Timeless Wisdom for a Rapidly Changing World. Inspired by the Wisdom of Stephen R. Covey« erschien 2020 bei Mango Media, Inc., Coral Gables/Florida, USA.

This translation published by arrangement with Mango Publishing.

Bibliografische Information der Deutschen Nationalbibliothek

Die Deutsche Nationalbibliothek verzeichnet diese Publikation in der Deutschen Nationalbibliografie; detaillierte bibliografische Informationen sind im Internet über http://dnb.d-nb.de abrufbar.

ISBN 978-3-96739-068-1

Übersetzung und Redaktion: Claudia Franz, Oberstaufen | info@text-it.org
Umschlaggestaltung: Martin Zech Design, Bremen | www.martinzech.de
Titelgrafik: Shutterstock
Autorenfoto: FranklinCovey Co.
Satz und Layout: Das Herstellungsbüro, Hamburg | www.buch-herstellungsbuero.de
Druck und Bindung: Salzland Druck GmbH & Co. KG, Löbnitzer Weg 10, D-39418 Staßfurt, vertrieb@salzland-druck.de

4. Auflage 2026

Wir drucken in Deutschland.

www.gabal-verlag.de
www.gabal-magazin.de
www.facebook.com/Gabalbuecher
www.x.com/gabalbuecher
www.instagram.com/gabalbuecher

PEFC
PEFC/04-31-2251

PEFC-zertifiziert
Dieses Produkt stammt aus nachhaltig bewirtschafteten Wäldern und kontrollierten Quellen
www.pefc.de

»Menschen können nicht mit Veränderungen leben, wenn es keinen unveränderlichen Kern in ihnen gibt. Der Schlüssel zur Veränderung ist ein sicheres Gefühl dafür, wer du bist, worum es dir geht und was du schätzt.«

Stephen R. Covey

Inhalt

2. WEG: SCHON AM ANFANG DAS ENDE IM SINN HABEN

3. WEG: DAS WICHTIGSTE ZUERST TUN

VOM »PRIVATEN ERFOLG« ZUM »ÖFFENTLICHEN ERFOLG«

4. WEG: WIN-WIN-DENKEN

5. WEG: ERST VERSTEHEN, DANN VERSTANDEN WERDEN

6. WEG: SYNERGIEN SCHAFFEN

7. WEG: DIE SÄGE SCHÄRFEN

BONUSMATERIAL

Ihre Reise zur Effektivität

Herzlich willkommen bei den *7 Wegen für unterwegs*! Ich lade Sie ein, Ihre Komfortzone zu verlassen, Ihre Paradigmen zu überdenken, Ihre Beziehungen zu verbessern und ganz generell ein effektiverer Mensch zu werden. Ob eine Woche, ein Monat oder ein Jahr: Nehmen Sie sich die Zeit, die Sie für Ihre spannende Reise zur Effektivität brauchen!

Vielleicht denken Sie jetzt: »Okay, Sean! Ich habe gerade so viel zu tun. Wie soll ich da noch Zeit für die 7 Wege finden?« Genau deshalb haben wir dieses kleine Büchlein gemacht. Es ist für zwischendurch, einfach, schnell – und sehr effektiv! Nehmen Sie sich jeden Tag ein paar Minuten, um einen Abschnitt zu lesen. Denken Sie über die Fragen und Anregungen nach – und dann packen Sie es an. Erhöhen Sie Ihre Effektivität. Es geht nicht darum, über Nacht ein völlig neuer Mensch zu werden. Das Geheimnis, um voranzukommen und sich weiterzuentwickeln, liegt in den kleinen Schritten. Investieren Sie jeden Tag einige Minuten, um besser zu sein als gestern. Dann werden Sie Ihre Ziele erreichen!

Dieses Buch ist eine Kurzfassung des Weltbestsellers *Die 7 Wege zur Effektivität,* der von meinem Vater geschrieben wurde. Aber die einzelnen Lektionen haben es in sich. Jede Lektion vermittelt Ihnen ein *Schlüsselprinzip der Effektivität,* regt Sie zum Nachdenken an und hält eine Aufgabe für Sie parat. Zudem gibt es ein Zitat, das Sie inspirieren und motivieren soll.

Sind Sie der Typ Leser, der sich zuerst die Kapitel vornimmt, die ihn spontan am meisten ansprechen? Das ist auch okay. *Machen Sie es auf Ihre Art*. Beschäftigen Sie sich mit diesem Buch, während Sie mit der Bahn fahren, sich eine kleine Auszeit im Park gönnen oder im Restaurant aufs Essen warten. Tun Sie es einfach. Sie werden froh sein!

Lassen Sie sich auf die Reise zu mehr Effektivität ein. Und bitte denken Sie unterwegs immer daran: *Es sind die kleinen Dinge, aus denen die großen Erfolge entstehen!*

Alles Gute auf Ihrer Reise zur Effektivität!

Ihr Sean Covey

Autor von *Die 7 Wege zur Effektivität für Jugendliche*

DIE 7 WEGE FÜR UNTERWEGS:

Grundlagen der Effektivität

Rücken Sie Ihre Effektivität in den Fokus

- [ ] Notieren Sie einige Dinge, die Sie gerne ändern würden, um effektiver zu werden. Halten Sie Ihre Liste griffbereit, während Sie sich mit den Fragen und Aufgaben in diesem Buch befassen.

Fragen Sie sich:

Was ist das Wichtigste für mich im Beruf und im Privatleben?

Wenn Sie Ihren Fokus verändern, verändern sich automatisch auch Ihre Ergebnisse. Rücken Sie das ins Scheinwerferlicht, was in Ihrem Leben wirklich wichtig ist. Was sind die nächsten Schritte, um hier positive Veränderungen anzustoßen? Schreiben Sie es gleich auf!

»Selbst wenn Sie nur einen der 7 Wege umsetzen, werden Sie sofort Ergebnisse sehen. Aber es ist ein nie endendes Abenteuer, das Ihnen ein Leben voller Verheißungen verspricht!«

Stephen R. Covey

Setzen Sie beim Charakter an

- ☐ Denken Sie an eine Person mit einem vorbildlichen Charakter.
- ☐ An welchen Prinzipien richtet diese Person ihr Leben aus?
- ☐ Welche dieser Prinzipien würden Sie gerne übernehmen?
- ☐ Tun Sie heute etwas, das diesen Prinzipien entspricht.

Fragen Sie sich:

Habe ich mich auf schnelle Ergebnisse konzentriert und dabei meinen Charakter vernachlässigt?

Ihre Persönlichkeit ist wie die Krone eines Baums. Natürlich können Ihr Auftreten, Ihre Gesprächstechniken oder Ihre kommunikativen Fähigkeiten sich auf Ihren Erfolg auswirken. Doch die wahre Quelle für dauerhafte Effektivität liegt in den Wurzeln – in Ihrem Charakter.

»Menschen, die auf ihren Charakter achten, haben starke, tiefe Wurzeln. Sie halten den Stürmen des Lebens stand. Was auch kommt: Sie wachsen und entwickeln sich weiter.«

Stephen R. Covey

Prüfen Sie Ihre Paradigmen

- ☐ Wählen Sie einen wichtigen Bereich Ihres Lebens aus. Notieren Sie fünf Begriffe, die beschreiben, was Sie über diesen Bereich denken.
- ☐ Was sagen diese fünf Begriffe über Ihre Paradigmen aus?
- ☐ Wie müssen sich Ihre Paradigmen verändern, damit Sie Ihre Ziele erreichen?

Fragen Sie sich:

Wie korrekt sind meine Paradigmen?

Unsere Paradigmen bestimmen, wie wir die Welt um uns herum sehen, verstehen und interpretieren. Sie sind unsere mentale Landkarte.

»Wenn Sie kleine Veränderungen in Ihrem Leben wollen, arbeiten Sie an Ihrem Verhalten. Aber wenn Sie bedeutende Veränderungen, wahre Quantensprünge wollen, arbeiten Sie an Ihren Paradigmen!«

Stephen R. Covey

1. WEG:

Pro-aktiv sein

Übernehmen Sie die Verantwortung für Ihr Leben. Sie sind kein Opfer Ihrer Gene, der äußeren Umstände oder Ihrer Erziehung. Leben Sie Ihr Leben aus Ihrem Einflussbereich heraus.

1.
Weg

Drücken Sie den »Pausenknopf«

- ☐ Denken Sie an morgen. Wer oder was könnte Sie dazu bringen, sich re-aktiv zu verhalten?
- ☐ Was können Sie tun, um pro-aktiv zu handeln?

Fragen Sie sich:

Wie kann ich das nächste Mal in einer besonders herausfordernden Situation pro-aktiv handeln?

Re-aktive Menschen reagieren spontan und unüberlegt. Pro-aktive Menschen nutzen den Raum zwischen Reiz und Reaktion. Sie drücken auf den »Pausenknopf«, halten inne und denken nach. Anschließend handeln sie auf der Grundlage ihrer Prinzipien und Ziele.

»Zwischen Reiz und Reaktion gibt es einen Raum. In diesem Raum hat der Mensch die Freiheit, zu wählen und seine Reaktion selbst zu bestimmen. In dieser Freiheit liegen unser Wachstum und unser Glück.«

Stephen R. Covey

1.
Weg

Werden Sie zur »Veränderungs-person«

- ☐ Gibt es negative Muster, die andere an Sie weitergegeben haben – beispielsweise eine schlechte Gewohnheit oder eine hinderliche Einstellung?
- ☐ Wie wirken sich diese Dinge auf Sie aus?
- ☐ Tun Sie heute etwas, um mindestens eins dieser Muster zu durchbrechen.

Fragen Sie sich:

Wer war eine »Veränderungsperson« für mich? Welchen Einfluss hatten diese Menschen auf mein Leben?

»Veränderungspersonen« durchbrechen ungesunde, destruktive oder ineffektive Verhaltensweisen und Gewohnheiten. Sie sind echte Vorbilder, die andere bestärken, aufbauen und ermutigen.

»Sie werden von Ihren Genen beeinflusst, von Ihrer Erziehung und von Ihrer Umgebung. Aber Sie werden nicht von diesen Dingen bestimmt.«

Stephen R. Covey

1.
Weg

Streichen Sie re-aktive Vokabeln

- »Ich kann das nicht!«, »Du machst mich so wütend!« oder »Ich muss …«: Verbannen Sie re-aktive Aussagen einen ganzen Tag lang aus Ihrem Wortschatz.

Fragen Sie sich:

Machen meine Worte mich zum Opfer?

Eine re-aktive Sprache ist ein sicheres Zeichen dafür, dass Sie sich als Opfer der Umstände sehen – und nicht als pro-aktive, selbstbestimmte Persönlichkeit.

»Eine re-aktive Sprache ist ein ernstes Problem. Sie wird zu einer sich selbst erfüllenden Prophezeiung. Die Menschen fühlen sich immer mehr als Opfer. Sie denken, dass sie keine Kontrolle über ihr Leben und ihr Schicksal haben. Deshalb suchen sie die Schuld an ihrer Situation nicht bei sich selbst, sondern bei anderen Leuten, den äußeren Umständen oder sogar bei den Sternen.«

Stephen R. Covey

1.
Weg

Nutzen Sie eine pro-aktive Sprache

- [ ] Verwenden Sie heute ganz bewusst die folgenden pro-aktiven Satzstarter:
»Ich entscheide mich …«
»Ich erreiche …«
»Ich kann …«

Fragen Sie sich:

Wie verändert sich meine Einstellung zu mir selbst, wenn ich eine pro-aktive Sprache nutze?

Unsere Sprache ist ein guter Gradmesser dafür, wie wir unsere Pro-Aktivität selbst einschätzen. Wenn wir eine pro-aktive Sprache nutzen, fühlen wir uns stärker und leistungsfähiger. Das gibt uns die Kraft und die Motivation, um ins Handeln zu kommen.

»Ich bin nicht das Ergebnis der äußeren Umstände. Ich bin das Ergebnis meiner eigenen Entscheidungen!«

Stephen R. Covey

1.
Weg

Minimieren Sie Ihren Interessenbereich

- ☐ Denken Sie an eine Herausforderung oder eine Chance, mit der Sie sich gerade intensiv befassen. Welche Dinge liegen hier in Ihrem Interessenbereich?
- ☐ Schreiben Sie alles auf, was sich in Ihrem Interessenbereich befindet. Und: Lassen Sie es einfach los!

Fragen Sie sich:

Wie viel Zeit und Energie vergeude ich mit Dingen, die ich nicht beeinflussen kann?

Das Wetter, die Staatsverschuldung oder die Beziehungskrise Ihrer Nachbarn: Ihr Interessenbereich umfasst viele Dinge, über die Sie sich den Kopf zerbrechen. Doch das können Sie nicht kontrollieren. Konzentrieren Sie sich nicht länger darauf. Nutzen Sie Ihre Zeit und Energie für das, was Sie tatsächlich beeinflussen können.

»Seien Sie eine Quelle der Inspiration und kein Richter. Seien Sie ein Vorbild und kein Kritiker!«
Stephen R. Covey

1.
Weg

Vergrößern Sie Ihren Einflussbereich

- ☐ Denken Sie an eine besondere Herausforderung, die das Leben gerade für Sie bereithält.
- ☐ Schreiben Sie alles auf, was Sie im Hinblick auf diese Herausforderung selbst beeinflussen können.
- ☐ Legen Sie fest, was Sie heute noch tun werden, um diese Herausforderung zu meistern.

---

1. Weg: Pro-aktiv sein

Fragen Sie sich:

Wächst oder verringert sich mein Einflussbereich?

Ihr Einflussbereich umfasst die Dinge, die Sie direkt kontrollieren können. Wenn Sie sich darauf konzentrieren, nehmen Ihr Wissen und Ihre Erfahrung zu. Das hat zur Folge, dass Ihr Einflussbereich immer größer wird.

»Pro-aktive Menschen konzentrieren sich auf ihren Einflussbereich. Ihre Energie ist positiv, ermutigend und bestärkend.«

Stephen R. Covey

1.
Weg

Gestalten Sie Ihren Tag pro-aktiv

- [ ] Sobald Sie heute den Eindruck haben, dass Sie re-aktiv-werden, halten Sie kurz inne. Besinnen Sie sich auf die vier einzigartigen menschlichen Gaben – Selbstwahrnehmung, Vorstellungskraft, Gewissen und freier Wille. Nutzen Sie jede dieser Gaben im Laufe des Tages mindestens einmal ganz bewusst.

Fragen Sie sich:

Was wird heute Einfluss auf meine Pro-Aktivität haben?

Pro-aktive Menschen sind selbst die Gestalter ihres Lebens. Sie gehen ihren eigenen Weg und übernehmen Verantwortung für die Ergebnisse. Ganz anders sieht es bei re-aktiven Menschen aus. Sie betrachten sich als Opfer.

»Jeder Mensch hat vier einzigartige Gaben – Selbstwahrnehmung, Vorstellungskraft, Gewissen und freier Wille. Sie geben uns die ultimative menschliche Freiheit: die Macht, unser Schicksal selbst zu bestimmen.«

Stephen R. Covey

2. WEG:

Schon am Anfang das Ende im Sinn haben

Gewinnen Sie Klarheit über Ihre Werte, Ihre Lebensmission und Ihre Ziele. Richten Sie Ihr Leben an Ihrer Vision aus.

2.
Weg

Legen Sie Ziele fest, ehe Sie handeln

- ☐ Nehmen Sie aus Ihrer heutigen To-do-Liste zwei Punkte heraus – eine Aufgabe aus dem privaten und eine aus dem beruflichen Bereich. Schreiben Sie auf, welches Ende Sie bei jedem dieser beiden Punkte im Sinn haben.

Fragen Sie sich:

Wie wirkt es sich auf meine Leistungen und Ergebnisse aus, wenn ich mit einem klaren Ende im Sinn beginne?

Alle Dinge werden zweimal geschaffen – zunächst in unserer Vorstellung und danach in der Realität. Handeln Sie nicht planlos. Entwickeln Sie eine klare Vorstellung davon, was Sie erreichen wollen, bevor Sie starten.

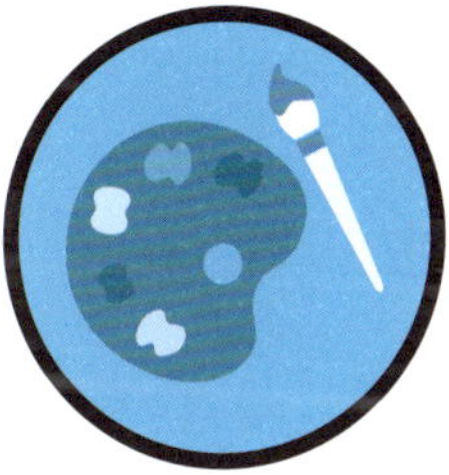

»Viele arbeiten härter und härter, um die nächste Sprosse auf der Erfolgsleiter zu erklimmen – nur um irgendwann festzustellen, dass die Leiter an der falschen Mauer lehnt.«

Stephen R. Covey

2.
Weg

Feiern Sie Ihren 80. Geburtstag

- ☐ Stellen Sie sich vor, Sie feiern Ihren 80. Geburtstag. Einige Gäste halten eine Rede über Sie. Schreiben Sie auf: Was würden Sie gern über sich hören? Wie hätten Sie das Leben Ihrer Gäste gerne bereichert?
- ☐ Welche eine Sache könnten Sie in dieser Woche tun, damit Ihr Geburtstagswunsch tatsächlich wahr wird?

Fragen Sie sich:

Welches Vermächtnis will ich hinterlassen?

Effektiv sein bedeutet auch, sich zu fragen, welches Vermächtnis Sie im Hinblick auf Ihre wichtigsten Beziehungen und Ihre größten Aufgaben hinterlassen wollen.

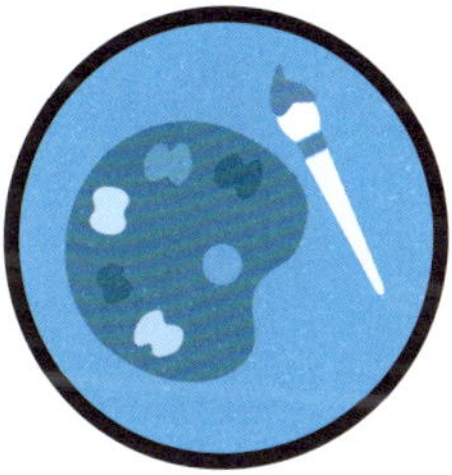

»Tief in jedem von uns steckt die innere Sehnsucht, ein Leben voller Größe und voller Beiträge zu führen – ein Leben, das wirklich zählt und einen Unterschied macht.«

Stephen R. Covey

2.
Weg

Überarbeiten Sie Ihr Leitbild

- [ ] Verfassen oder verfeinern Sie Ihr persönliches Leitbild. Prüfen Sie, ob es
  - auf Prinzipien basiert,
  - klar beschreibt, was Ihnen wirklich wichtig ist,
  - Ihrem Leben einen Sinn und eine Richtung gibt,
  - das Beste in Ihnen zum Vorschein bringt.

Fragen Sie sich:

Wie sieht meine absolute Wunschvorstellung von der Zukunft aus?

Ihr Leitbild legt Ihre höchsten Werte und Prioritäten fest. Das Leitbild ist das Ende, das Sie für Ihr Leben im Sinn haben. Es ermöglicht Ihnen, Ihre Zukunft selbst zu gestalten, anstatt es anderen Menschen oder den äußeren Umständen zu überlassen.

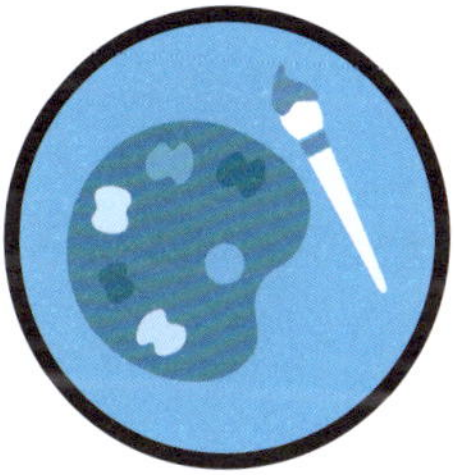

»Ihr Leitbild gibt Ihnen ein unumstößliches Gefühl dafür, wer Sie wirklich sind.«

Stephen R. Covey

2.
Weg

Tun Sie etwas für Ihre Beziehungen

- ☐ Nehmen Sie sich Zeit und schreiben Sie das Ende auf, das Sie für eine wichtige Beziehung im Sinn haben.
- ☐ Machen Sie heute etwas, das Sie diesem Ende einen Schritt näherbringt.

Fragen Sie sich:

Was kann ich in dieser Woche tun, um eine Beziehung zu pflegen, die mir sehr am Herzen liegt?

Wenn wir uns auf unsere Effizienz konzentrieren, verlieren wir schnell die Menschen aus dem Blick, die wichtig für uns sind. Doch wahre Effektivität entsteht aus dem positiven Einfluss, den wir auf andere haben.

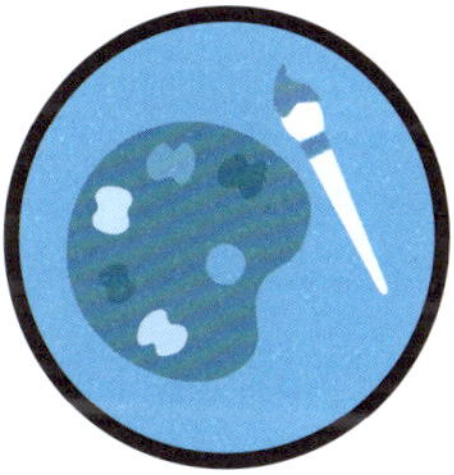

»Beziehungen sind der Stoff, aus dem das Leben gemacht ist!«

Stephen R. Covey

2.
Weg

Teilen Sie Ihr Leitbild

- [ ] Teilen Sie heute Ihr persönliches Leitbild mit einer Person Ihres Vertrauens – einem Freund oder einem Familienmitglied. Bitten Sie diese Person, Sie bei der Überarbeitung Ihres Leitbilds zu unterstützen.

Fragen Sie sich:

Auf welche Menschen in meinem Umfeld hat mein persönliches Leitbild die größten Auswirkungen?

Ihr Leitbild ist nicht nur für Sie allein. Es ist auch wichtig für die Menschen, die Sie lieben. Deshalb sollten Sie es mit ihnen teilen. Ihre Liebsten werden sehr davon profitieren, wenn sie Ihre Ziele, Ihre Werte und Ihre Lebensvision kennen.

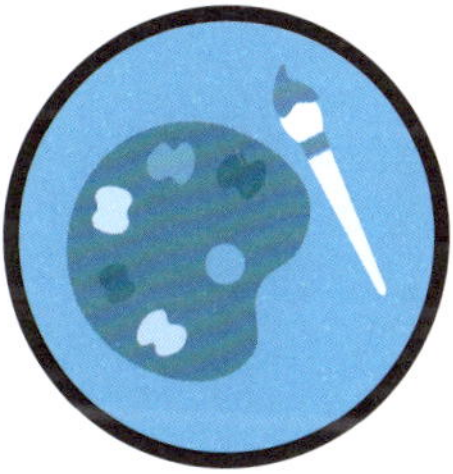

»Wer um den Sinn seines Lebens weiß, dem verhilft dieses Bewusstsein mehr als alles andere dazu, äußere Schwierigkeiten und innere Beschwerden zu überwinden.«

Viktor E. Frankl

2.
Weg

Bringen Sie Ihr Leben in Balance

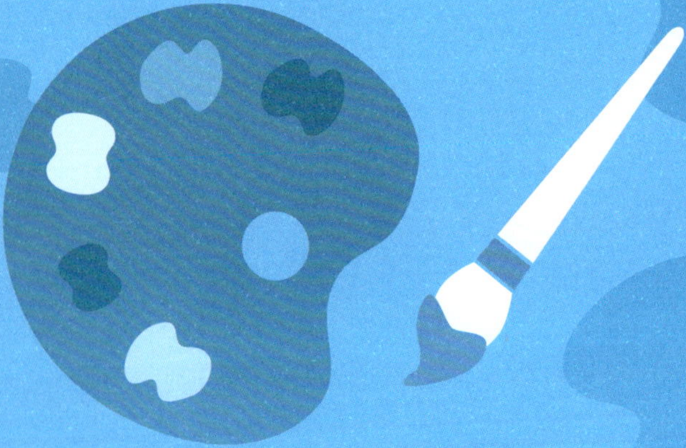

- ☐ Ob Partner, Mitarbeiter, Mutter, Vater oder Nachbarin: Welche wichtige Rolle in Ihrem Leben wollen Sie auf keinen Fall vernachlässigen?
- ☐ Tun Sie heute etwas, um diese Rolle wieder verstärkt auszufüllen.

Fragen Sie sich:

Werde ich zu sehr von einer bestimmten Rolle in Beschlag genommen? Vernachlässige ich dafür andere Schlüsselrollen?

Es ist nicht leicht, allen wichtigen Rollen gleichermaßen gerecht zu werden. Manchmal stellen wir eine bestimmte Rolle zu sehr in den Mittelpunkt. Meist geht es dabei um den Beruf. Doch das bringt uns aus dem Gleichgewicht.

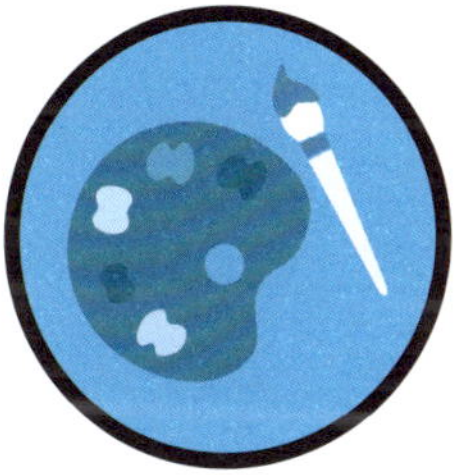

»Wenn Menschen versuchen, effektiver zu werden, gibt es oft ein Problem: Sie verlieren ihren Sinn für Ausgewogenheit, für die Balance in ihrem Leben. Doch so laufen sie Gefahr, ihre kostbarsten Beziehungen zu vernachlässigen.«

Stephen R. Covey

3. WEG:

Das Wichtigste zuerst tun

Priorisieren Sie Ihre Aktivitäten. Konzentrieren Sie sich auf das Wesentliche. Verbringen Sie mehr Zeit in Quadrant II. Denn das ist der Quadrant der Effektivität.

3.
Weg

Setzen Sie sich effektive Ziele

- ☐ Denken Sie an ein Ziel, an dem Sie gerade arbeiten. Natürlich können Sie sich auch ein völlig neues Ziel setzen. Legen Sie fest, was genau Sie erreichen wollen. Wie würde Erfolg für Sie aussehen?
- ☐ Nehmen Sie Ihren Kalender. Reservieren Sie Zeit für die Aktivitäten, die Sie an Ihr Ziel bringen.

Fragen Sie sich:

Gibt es etwas, das mein Leben positiv verändern würde, wenn ich es regelmäßig tun würde? Was wäre das?

Ihre Ziele sollten Ihre tiefsten innersten Werte, Ihre einzigartigen Talente und Ihre persönliche Lebensmission spiegeln. Ein effektives Ziel bringt Sinn und Zweck in Ihren Alltag und verankert beides in Ihren täglichen Aktivitäten.

»Glück erlangen wir oft, indem wir das, was wir jetzt wollen, dem unterordnen, was wir letztendlich wollen.«

Stephen R. Covey

3.
Weg

Nutzen Sie Ihre Zeit effektiv

- ☐ Nehmen Sie die Zeit-Matrix jeden Morgen zur Hand. Legen Sie fest, wie viele Stunden Sie tagsüber in jedem der Quadranten verbringen wollen.
- ☐ Ziehen Sie jeden Abend Bilanz. Überlegen Sie, wie viele Stunden Sie tatsächlich in jeden der Quadranten investiert haben.
- ☐ Sind Sie zufrieden damit, wie Sie Ihre Zeit verbringen? Was muss sich ändern?

Fragen Sie sich:

In welchem Quadranten verbringe ich den Großteil meiner Zeit? Welche Folgen hat das?

Die Zeit-Matrix unterteilt Aufgaben in zwei Kategorien: dringend und wichtig.

	DRINGEND	NICHT DRINGEND
WICHTIG	**QI** **NOTWENDIGKEIT** Krisenmanagement Notfall-Meetings Last-Minute-Deadlines Dringende Probleme Unvorhergesehene Ereignisse Überstunden	**QII** **EFFEKTIVITÄT** Pro-aktive Tätigkeiten Bedeutende Ziele Lernen & Kreativität Planung & Prävention Beziehungsaufbau & -pflege Erholung & Erneuerung
NICHT WICHTIG	**QIII** **ABLENKUNG** Sinnlose Unterbrechungen Unnötige Aufgaben Unwichtige Meetings Nebensächliche Probleme anderer Belanglose Mails, Sprachnachrichten, Anrufe …	**QIV** **ZEITVERSCHWENDUNG** Triviale Arbeiten Vermeidungsaktivitäten Endloses Trödeln & Faulenzen Klatsch & Tratsch Maßloses Internet-Surfen, Chatten, Gaming, Streaming …

»Effektive Menschen konzentrieren sich auf Quadrant II.«

Stephen R. Covey

3.
Weg

Achten Sie auf Quadrant I

- ☐ Gibt es eine besonders dringende Aufgabe aus Quadrant I, die Ihnen gerade Stress macht?
- ☐ Überlegen Sie: Wie können Sie in Zukunft verhindern, dass wichtige Aufgaben dringend werden?

Fragen Sie sich:

Wie viele Probleme, Krisen und Notfall-Einsätze könnte ich durch kluge, vorausschauende Planung verhindern?

Quadrant I ist beides – dringend und wichtig. Hier tummeln sich die Dinge, die Ihre sofortige Aufmerksamkeit erfordern. Wir alle haben einige Quadrant-I-Aktivitäten in unserem Leben. Doch manche Menschen werden regelrecht davon aufgefressen.

»Die meisten von uns verbringen viel zu viel Zeit mit dringenden und viel zu wenig Zeit mit wichtigen Dingen.«

Stephen R. Covey

3.
Weg

Konzentrieren Sie sich auf Quadrant II

- ☐ Wählen Sie eine Quadrant-II-Aufgabe aus, die großen Einfluss auf Ihr Leben hat.
- ☐ Reservieren Sie in dieser Woche Zeit, um diese wichtige Aufgabe zu erledigen.

Fragen Sie sich:

Für welche Quadrant-II-Aktivität sollte ich mir unbedingt mehr Zeit nehmen?

- Pro-aktive Tätigkeiten
- Bedeutende Ziele
- Lernen & Kreativität
- Planung & Prävention
- Beziehungsaufbau & -pflege
- Erholung & Erneuerung

»Das Wichtigste ist, dafür zu sorgen, dass das Wichtigste auch das Wichtigste bleibt.«

Stephen R. Covey

3.
Weg

Planen Sie Ihre Woche

- ☐ Suchen Sie sich einen ruhigen Ort und nehmen Sie sich 20 bis 30 Minuten für Ihre Wochenplanung.
- ☐ Rufen Sie sich Ihre Lebensmission, Ihre Rollen und Ziele ins Gedächtnis.
- ☐ Wählen Sie einen oder zwei »große Steine« für jede Ihrer Rollen und blocken Sie ausreichend Zeit dafür.
- ☐ Organisieren Sie den Rest Ihrer Aufgaben, Termine und Aktivitäten um Ihre »großen Steine« herum.

Fragen Sie sich:

Was sind die ein oder zwei wichtigsten Dinge, die ich in dieser Woche für jede meiner Rollen tun kann?

Planen Sie jede Woche im Voraus. Ihre Ziele, Rollen und Q-II-Aktivitäten sind Ihre »großen Steine«. Planen Sie diese Dinge zuerst. Dann kommen die »Kieselsteine«. Das sind die weniger wichtigen Aufgaben. Sie passen wunderbar in die Terminlücken zwischen den »großen Steinen«.

»Was trägt mehr als alles andere dazu bei, Ihr Leben in Balance zu bringen und Ihre Produktivität zu steigern? Planen Sie Ihre Woche – und zwar vor dem Wochenstart!«

Stephen R. Covey

3.
Weg

Bleiben Sie sich selbst treu

- ☐ Gibt es Situationen, in denen es Ihnen schwerfällt, Ihren Prioritäten treu zu bleiben?
- ☐ Überlegen Sie sich eine Strategie, damit Sie Ihren Quadrant-II-Prioritäten im Moment der Entscheidung den Vorzug geben.

Fragen Sie sich:

Was hindert mich daran, konsequent an meinen »großen Steinen« zu arbeiten? Wie fühle ich mich, wenn ich dem Druck nachgebe und meine wahren Prioritäten vernachlässige?

Unser wahrer Charakter zeigt sich, wenn wir uns zwischen unseren Quadrant-II-Prioritäten und dem Druck des Augenblicks entscheiden müssen.

»Im Lauf der Woche drängen sich dringende, aber nicht wichtige Dinge in den Vordergrund. Vernachlässigen Sie die wichtigen Quadrant-II-Aktivitäten nicht. Nutzen Sie Ihren freien Willen. Bewahren Sie Ihre Integrität. Halten Sie an den Dingen, die Ihnen wirklich wichtig sind, fest!«

Stephen R. Covey

3.
Weg

Streichen Sie Unwichtiges

- ☐ Erstellen Sie eine Liste mit »Zeitfressern« und Ablenkungen.
- ☐ Markieren Sie den größten Übeltäter, den schlimmsten Zeiträuber.
- ☐ Unternehmen Sie gleich heute etwas, um diesen Zeiträuber in die Schranken zu weisen oder komplett aus Ihrem Leben zu verbannen.

Fragen Sie sich:

Wie viel Zeit verbringe ich in Quadrant III und IV? Welchen Preis bezahle ich dafür?

Die Quadranten III und IV sind Zeiträuber: Hier tummeln sich Aktivitäten, die Ihre Zeit stehlen, ohne dass Sie etwas dafür zurückbekommen.

»Entscheiden Sie, was Priorität in Ihrem Leben hat. Und dann sagen Sie ›Nein‹ zu allen anderen Dingen – freundlich und ohne sich dafür zu entschuldigen! Wie Ihnen dieses ›Nein‹ gelingt? Wenn tief in Ihrem Inneren ein noch größeres ›Ja‹ lodert.«

Stephen R. Covey

3.
Weg

Halten Sie Versprechen

- ☐ Denken Sie an ein wichtiges Ziel, bei dem Sie nicht wirklich vorankommen.
- ☐ Was ist der kleinstmögliche Schritt, den Sie unternehmen können, um dieses Ziel zu erreichen? Versprechen Sie sich, diesen Schritt zu gehen.
- ☐ Halten Sie Ihr Versprechen – egal, was kommt! Machen Sie immer so weiter, bis Sie Ihr Ziel erreicht haben.

Fragen Sie sich:

Vertraue ich mir selbst? Glaube ich fest daran, dass ich die Versprechen halte, die ich mir selbst gegeben habe?

Die meisten Ziele sind herausfordernd – wenn sie das nicht wären, hätten wir sie längst erreicht. Aber was passiert, wenn wir die Verwirklichung eines Ziels immer wieder auf die lange Bank schieben? Dann sind wir von uns selbst enttäuscht.

»Geben Sie sich ein kleines Versprechen – und halten Sie es. Nehmen Sie sich dann ein etwas größeres Versprechen vor – und halten Sie es. Machen Sie immer weiter. Dann wird es zur Gewohnheit, dass Sie Ihre Versprechen halten.«

Stephen R. Covey

Vom »privaten Erfolg« zum »öffentlichen Erfolg«

3.
Weg

Füllen Sie Ihr Beziehungskonto

- ☐ Denken Sie an eine wichtige Beziehung, die Sie gerne verbessern wollen.
- ☐ Notieren Sie drei Einzahlungen, die Sie auf Ihr Beziehungskonto machen könnten.
- ☐ Schreiben Sie drei Abhebungen auf, die Sie vermeiden sollten.

Fragen Sie sich:

Weiß ich, was die wichtigsten Menschen in meinem Leben als Abhebung oder als Einzahlung betrachten?

Worum geht es beim emotionalen Beziehungskonto? Es symbolisiert das Vertrauen, das in einer Beziehung herrscht. Einzahlungen schaffen und steigern Vertrauen. Abhebungen verringern es.

»In Beziehungen sind Kleinigkeiten oft die wirklich großen Dinge.«

Stephen R. Covey

3.
Weg

Entschuldigen Sie sich

- [ ] Entschuldigen Sie sich bei jemandem, dem Sie Unrecht getan haben. Überlegen Sie, wie Sie die Sache wieder ins Lot bringen können.

Fragen Sie sich:

Bei wem sollte ich mich entschuldigen?

Entschuldigen Sie sich, wenn Sie einen Fehler gemacht oder jemanden verletzt haben! Eine ehrlich gemeinte Entschuldigung kann ein überzogenes Beziehungskonto schnell wieder ins Plus bringen. Doch dazu braucht es Mut!

»Um zerbrochene Beziehungen zu heilen, müssen wir zuerst unser eigenes Herz erforschen. Nur so können wir unsere eigenen Versäumnisse aufdecken und erkennen, was wir selbst zu verantworten haben.«

Stephen R. Covey

3.
Weg

Verzeihen Sie anderen

- ☐ Hat jemand Sie verletzt? Tut Ihnen das immer noch weh? Denken Sie daran: Die andere Person leidet genauso sehr wie Sie.
- ☐ Vergeben Sie dieser Person.

Fragen Sie sich:

Schleppe ich einen schweren Rucksack voller Dinge, die ich anderen nicht vergeben habe, mit mir herum?

Wir alle sind schon mal durch die gedankenlosen Worte oder Taten eines anderen verletzt worden. Wenn wir anderen verzeihen, fällt uns eine schwere Last von den Schultern!

»Wann immer Sie denken, das Problem sei da draußen, ist genau dieser Gedanke das Problem. Setzen Sie an dem Punkt an, über den Sie wirklich die Kontrolle haben. Dieser Punkt sind Sie selbst!«

Stephen R. Covey

4. WEG:

Win-Win-Denken

Entwickeln Sie eine Gewinn-Gewinn-Einstellung. Freuen Sie sich ehrlich über die Erfolge anderer!

4.
Weg

Machen Sie alle zu Gewinnern

- ☐ Denken Sie an eine wichtige Beziehung, die vom Win-Win-Denken profitieren könnte.
- ☐ Schreiben Sie auf, was für Sie und für die andere Person ein Gewinn wäre. Sind Sie nicht sicher, was ein Gewinn für den anderen ist? Fragen Sie nach!

Fragen Sie sich:

In welchen Beziehungen vernachlässige ich das Win-Win-Denken? Welche Vorteile hätte es, wenn ich auch an den Gewinn der anderen denken würde?

Hocheffektiven Menschen ist der Gewinn der anderen genauso wichtig wie ihr eigener. Sie nehmen sich Zeit, um herauszufinden, was für alle Beteiligten ein echter Gewinn ist.

»Win-Win-Denken ist keine Erfolgstechnik. Es ist eine Philosophie des menschlichen Miteinanders, die den gegenseitigen Vorteil sucht. Win-Win sieht das Leben als Feld der Kooperation, nicht als Arena des Wettstreits.«

Stephen R. Covey

Vergessen Sie die Mangel-Mentalität

- ☐ Ob Liebe, Geld, Aufmerksamkeit oder Ressourcen: Listen Sie die Bereiche Ihres Lebens auf, in denen Sie eine Mangel-Mentalität an den Tag legen.
- ☐ Überlegen Sie, was die Ursachen für diese Mangel-Mentalität sein könnten.

Fragen Sie sich:

Wo steht mir meine Mangel-Mentalität im Weg, wenn es darum geht, die besten Ergebnisse zu erzielen?

Wettbewerb, Konkurrenzdenken, Vergleich und Neid: Die Mangel-Mentalität verhindert, dass Sie Hand in Hand mit anderen zusammenarbeiten, um die größtmöglichen Erfolge zu feiern.

»Die meisten Menschen sind tief im Mangel-Denken verhaftet. Sie gehen davon aus, dass es im Leben nicht genug für alle gibt. Es ist nur ein Kuchen da. Wenn sich einer ein großes Stück vom Kuchen nimmt, bekommen die anderen automatisch weniger.«

Stephen R. Covey

4.
Weg

Entwickeln Sie eine Überfluss-Mentalität

- ☐ Was können Sie tun, um eine Überfluss-Mentalität zu entwickeln? Nutzen Sie Ihre Stärken und die der anderen. Hören Sie auf, sich mit anderen zu vergleichen. Teilen Sie Ressourcen, Anerkennung, Gewinne und Erfolge.

Fragen Sie sich:

Glaube ich wirklich fest daran, dass mehr als genug für jeden da ist?

Menschen mit einer Überfluss-Mentalität sind nicht neidisch auf die Erfolge anderer. Sie sind selbstsicher und kennen ihren eigenen Wert.

»Die Überfluss-Mentalität beruht auf einem tiefen inneren Gefühl von Selbstwert und Sicherheit. Es ist das Paradigma, dass wir in einer Welt der Fülle leben und es mehr als genug für alle gibt.«

Stephen R. Covey

4.
Weg

Zeigen Sie Mut und Rücksicht

- ☐ Gibt es eine Herausforderung, bei der Sie gerne mehr Mut an den Tag legen wollen? Schreiben Sie Ihren Standpunkt auf. Teilen Sie anderen Ihre Meinung und Ihre Ideen selbstbewusst mit.
- ☐ Denken Sie an eine Situation, in der Sie mehr Rücksicht zeigen sollten. Hören Sie sich den Standpunkt der anderen in Ruhe an. Unterbrechen Sie Ihre Gesprächspartner nicht. Stellen Sie sicher, dass jeder die Chance hat, seine Meinung offen darzulegen.

Fragen Sie sich:

Gibt es Beziehungen, in denen mir der Mut oder die Rücksicht fehlt? Welchen Preis zahle ich dafür?

Hocheffektive Menschen sind mutig. Sie vermitteln anderen ihre Meinung auf respektvolle Weise. Hocheffektiv zu sein bedeutet auch, rücksichtsvoll zu sein. Dazu gehört, mehr über die Gedanken und Gefühle der anderen zu erfahren und ihnen mit Wertschätzung und Respekt zuzuhören.

»Reife Menschen halten die Balance zwischen Mut und Rücksicht. Sie bringen ihre Gefühle und Überzeugungen mutig zum Ausdruck. Gleichzeitig nehmen sie Rücksicht auf die Gefühle und Überzeugungen anderer. Das gilt besonders, wenn eine Sache für beide Seiten sehr wichtig ist.«

Stephen R. Covey

4.
Weg

Setzen Sie auf Gewinn-Gewinn

- ☐ Welche Ihrer Beziehungen würde von einer Gewinn-Gewinn-Vereinbarung profitieren? Notieren Sie, was für den anderen ein Gewinn sein könnte. Natürlich können Sie die betreffende Person auch direkt fragen. Schreiben Sie zudem auf, was für Sie selbst ein Gewinn wäre.
- ☐ Schließen Sie eine Gewinn-Gewinn-Vereinbarung ab.

Fragen Sie sich:

Welches Ziel verfolge ich, wenn ich mit anderen verhandle? Bin ich bereit, Win-Win zu denken?

In einer Win-Win-Vereinbarung verpflichten sich die Beteiligten, zum Vorteil aller Parteien zusammenzuarbeiten. Win-Win-Vereinbarungen können zwischen den verschiedensten Personen abgeschlossen werden und die verschiedensten Themen regeln.

»Auf dem Papier bringt eine Win-Win-Vereinbarung nur wenig … Gewinn-Gewinn ist nur möglich, wenn wir tief in unserem Inneren den Wunsch haben, in unsere Beziehungen zu investieren.«

Stephen R. Covey

Zeigen Sie anderen Ihre Anerkennung

- ☐ Gibt es jemanden, der kürzlich etwas für Sie getan hat? Ob unter vier Augen oder im größeren Kreis: Zeigen Sie dieser Person Ihren Dank und Ihre Anerkennung!

Fragen Sie sich:

Wer hat mich in letzter Zeit unterstützt? Habe ich mich dafür bedankt?

Ob privat oder beruflich: Für die meisten Menschen ist Anerkennung ein großer Gewinn. Wir können Vertrauen aufbauen und unsere Beziehungen stärken, wenn wir anderen unsere Dankbarkeit und unsere Wertschätzung zeigen.

»Es ist erstaunlich, was man alles erreichen kann, wenn man sich nicht darum kümmert, wer dafür die Anerkennung bekommt.«

Harry S. Truman

5. WEG:

Erst verstehen, dann verstanden werden

Hören Sie anderen einfühlend zu und erläutern Sie erst danach Ihren eigenen Standpunkt.

5.
Weg

Hören Sie einfühlend zu

- ☐ Trainieren Sie heute Ihre kommunikativen Fähigkeiten. Hören Sie anderen mit der festen Absicht zu, sie zu verstehen.
- ☐ Spiegeln Sie Ihrem Gesprächspartner seine Gefühle und den Inhalt seiner Botschaft zurück.
- ☐ Achten Sie darauf, den anderen nicht zu unterbrechen. Erteilen Sie keine Ratschläge. Und: Beurteilen Sie den anderen nicht.

---

5. Weg: Erst verstehen, dann verstanden werden

Fragen Sie sich:

Haben die Menschen in meinem Umfeld das Gefühl, dass ich sie wirklich verstehe?

Mit Einfühlungsvermögen zuzuhören bedeutet, dass wir zum Kern dessen vordringen, was die andere Person denkt und fühlt. Dabei spielt es keine Rolle, ob wir die Meinung unseres Gegenübers teilen oder nicht. Was zählt ist, dass wir die ehrliche Absicht haben, den anderen zu verstehen.

»Jeder Mensch hat tief in seinem Inneren das Bedürfnis, verstanden, bestätigt und geschätzt zu werden.«

Stephen R. Covey

5. Weg

Öffnen Sie Ihr Herz

☐ Gibt es jemanden, dem Sie oft nicht richtig zuhören? Fragen Sie einfach: »Wie gehts dir?« Öffnen Sie Ihr Herz und hören Sie dann mit Einfühlungsvermögen zu. Sie werden erstaunt sein, was Sie alles über die andere Person erfahren.

Fragen Sie sich:

Höre ich den Menschen, die ich liebe, wirklich zu?

Wenn die Emotionen in einem Gespräch hoch sind, sollten Sie besonders aufmerksam zuhören. Denken Sie nicht über Ihre Antwort nach, während der andere noch spricht. Konzentrieren Sie sich stattdessen darauf, den anderen wirklich zu verstehen.

»Die meisten Menschen hören nicht zu, um zu verstehen. Sie hören zu, um zu antworten. Doch so können wir niemals wirklich verstehen, was in einem anderen Menschen vorgeht.«

Stephen R. Covey

5.
Weg

Vergessen Sie Ihre eigene Geschichte

- ☐ Denken Sie an ein Gespräch, in dem Ihnen der andere mit Einfühlungsvermögen, Verständnis und Respekt zugehört hat. Wie haben Sie sich gefühlt?

Fragen Sie sich:

Höre ich mit der Absicht zu, sofort zu antworten? Konzentriere ich mich so sehr auf meine Antwort, dass ich vergesse, den anderen zu verstehen?

Viele übertragen das, was andere sagen, auf ihre eigene Geschichte. Sie konzentrieren sich nicht auf ihren Gesprächspartner. Stattdessen geben sie ihm Ratschläge, die auf ihren eigenen Erfahrungen beruhen.

»Hör zu – oder deine Zunge wird dich taub machen!«

Weisheit der amerikanischen Ureinwohner

5.
Weg

Helfen Sie anderen, Sie zu verstehen

- ☐ Denken Sie an eine bevorstehende Präsentation oder einen Vortrag, den Sie bald halten werden.
- ☐ Stellen Sie sicher, dass Sie den Standpunkt Ihrer Zuhörer verstehen.
- ☐ Trainieren Sie, wie Sie Ihre Meinung mit Mut und mit Rücksicht auf den Standpunkt der anderen äußern.

Fragen Sie sich:

Drücke ich mich so aus, dass andere erkennen, dass ich sie verstehe? Und: Vermittle ich meinen eigenen Standpunkt klar und verständlich?

»Verstanden werden« ist die zweite Hälfte der effektiven Kommunikation. Zunächst geht es aber darum, dass die anderen sich verstanden fühlen. Dann, und erst dann, können Sie Ihre eigene Sicht der Dinge anschaulich und respektvoll darlegen.

»Vermitteln Sie Ihre Ideen klar und verständlich. Zeigen Sie Ihren Zuhörern aber auch, dass Sie ein tiefes Verständnis für ihre Paradigmen und ihre Interessen haben. So steigern Sie Ihre Glaubwürdigkeit und Ihre Überzeugungskraft enorm.«

Stephen R. Covey

5.
Weg

Bringen Sie Empathie in die digitale Welt

- ☐ Wenn Sie telefonisch oder digital kommunizieren und die Emotionen hochkochen, dann helfen Ihnen die folgenden Tipps:
  - Unterbrechen Sie den anderen nicht. Antworten Sie erst, nachdem die andere Person mit ihren Ausführungen fertig ist.
  - Antworten Sie, indem Sie die Worte und Emotionen des anderen reflektieren. Legen Sie erst danach Ihren eigenen Standpunkt dar.
  - Seien Sie konkret. Sagen Sie klar und deutlich, worauf Sie hinauswollen.

Fragen Sie sich:

Ob Telefon, Brief, Textnachricht oder E-Mail: Wie kann ich hier einfühlend »zuhören«?

In der digitalen Welt erfordert effektive Kommunikation dieselben Fähigkeiten wie im persönlichen Gespräch. Aufgrund der fehlenden menschlichen Nähe kann es jedoch viel leichter zu Missverständnissen kommen. Deshalb ist Empathie hier besonders wichtig.

»Empathie ist die schnellste Form der menschlichen Kommunikation.«

Stephen R. Covey

6. WEG:

Synergien schaffen

Schätzen und feiern Sie Unterschiede. So erreichen Sie weitaus mehr, als es alleine jemals möglich wäre.

6.
Weg

Lernen Sie aus Unterschieden

- ☐ Nehmen Sie ein politisches oder ein soziales Thema, das Sie interessiert:
  - Fragen Sie andere Leute nach deren Meinung zu diesem Thema.
  - Lassen Sie Ihre persönlichen Ansichten aus dem Spiel.
  - Hören Sie zu, um die anderen zu verstehen. Finden Sie heraus, was Ihre Gesprächspartner wirklich denken.
  - Schreiben Sie mindestens drei neue Einsichten auf, die Sie so gewonnen haben.

Fragen Sie sich:

Was kann ich von Menschen lernen, die anderer Meinung sind als ich?

Wir können enorm von den Erfahrungen, Erkenntnissen und Sichtweisen anderer profitieren. Unterschiede müssen nicht zu Konflikten führen. Im Gegenteil: Unterschiede sind eine wunderbare Quelle, um Neues zu lernen.

»Unsichere Menschen verbarrikadieren sich hinter ihrer eigenen Meinung. Ihnen ist nicht klar, dass Unterschiede die größte Stärke in einer Beziehung sind. Gleichheit ist unkreativ – und langweilig!«

Stephen R. Covey

6.
Weg

Fragen Sie andere um Rat

- ☐ Sprechen Sie mit jemandem über ein Problem, das Sie gerade beschäftigt.
- ☐ Fragen Sie: »Könntest Du mir helfen, Lösungen zu finden, an die ich bislang nicht gedacht habe?«
- ☐ Veranstalten Sie gemeinsam ein kurzes Brainstorming. Überlegen Sie anschließend: Welche Ideen könnte ich nutzen, um mein Problem zu lösen?

Fragen Sie sich:

Für welches Problem finde ich allein keine Lösung?

Sie müssen nicht alle Antworten auf Ihre Fragen allein finden. Wenn Sie mit einem Problem zu kämpfen haben, dann bitten Sie andere um Rat. Synergie kann Ideen hervorbringen, auf die Sie allein nie gekommen wären.

»Alleine können wir so wenig erreichen, gemeinsam können wir so viel erreichen.«

Helen Keller

6.
Weg

Finden Sie 3. Alternativen

- ☐ Achten Sie in Ihrem nächsten Meeting darauf, ob Synergie entsteht.
- ☐ Haben Sie ein Problem, das besonders stark von einer synergetischen Lösung profitieren könnte? Suchen Sie gemeinsam mit allen Beteiligten nach einer 3. Alternative, um es zu lösen.

Fragen Sie sich:

Wann gehe ich Kompromisse ein? Und wann erlebe ich Synergie? Worin liegt der Unterschied?

Synergie lebt vom festen Willen, eine 3. Alternative zu finden. Es ist nicht »dein Weg« oder »mein Weg«. Synergie ist ein »höherer« Weg. Hier entsteht eine gemeinsame Lösung – eine 3. Alternative. Sie ist viel besser als alles, was jeder allein sich je hätte vorstellen können.

»Was ist Synergie? Einfach gesagt bedeutet Synergie, dass das Ganze größer ist als die Summe seiner Teile. 1 plus 1 ist 10 oder 100 oder sogar 1000!«

Stephen R. Covey

6.
Weg

Schätzen Sie Unterschiede

- ☐ Gibt es jemanden, der völlig unterschiedlicher Ansicht ist als Sie? Welche Stärken hat diese Person? Erstellen Sie eine Liste.
- ☐ Ist jemand anderer Meinung als Sie? Dann sagen Sie: »Gut! Sie sehen das anders. Ich muss Ihnen zuhören!«

Fragen Sie sich:

Gibt es Beziehungen, in denen ich die Unterschiede lediglich toleriere, aber nicht wirklich schätze?

Unterschiede schätzen – das ist die Grundlage von Synergie. Wir können nicht richtig effektiv sein, wenn wir Unterschiede ablehnen oder nur tolerieren. Effektive Menschen freuen sich über Unterschiede. Sie wissen: Unterschiede sind keine Schwächen, sondern Stärken.

»Die Essenz von Synergie ist, Unterschiede zu schätzen und zu respektieren. So können wir unsere unterschiedlichen Stärken zusammenbringen und unsere Schwächen mehr als ausgleichen.«

Stephen R. Covey

6.
Weg

Seien Sie offen und neugierig

- ☐ Erstellen Sie eine Liste mit Unterschieden, die es in Ihren Beziehungen gibt – beispielsweise Alter, Lebensstil, politische Meinung ...
- ☐ Schreiben Sie auf, was Sie tun könnten, um Unterschiede mehr zu schätzen.

Fragen Sie sich:

Bin ich offen dafür, aus Unterschieden zu lernen?

Viele sind überzeugt, dass sie objektiv sind – und alle anderen nicht. Wer wirklich effektiv ist, hat die Bescheidenheit und die Demut, die Grenzen seiner eigenen Wahrnehmung anzuerkennen.

»Der Schlüssel, um Unterschiede zu schätzen, ist die folgende Erkenntnis: Jeder von uns sieht die Welt nicht so, wie sie tatsächlich ist, sondern so, wie er ist.«

Stephen R. Covey

6.
Weg

Reißen Sie Barrieren ein

- ☐ Denken Sie an ein Ziel, dass Sie momentan erreichen wollen.
- ☐ Mit welchen Hindernissen haben Sie zu kämpfen?
- ☐ Suchen Sie sich jemanden, um gemeinsam zu überlegen, wie Sie diese Hürden überwinden könnten.

Fragen Sie sich:

Welches Hindernis erscheint mir im Moment unüberwindbar, wenn ich allein damit konfrontiert werde?

Gehen Sie das Problem mit der festen Absicht an, Synergie zu schaffen. Nutzen Sie die Chance, neue Möglichkeiten zu finden, um die Herausforderung zu meistern.

»Das Leben besteht nicht nur aus Entweder-Oder. Es gibt fast immer eine 3. Alternative!«

Stephen R. Covey

6.
Weg

Nutzen Sie die Stärken anderer

- ☐ Erstellen Sie eine Liste mit Ihren liebsten Kollegen, Freunden und Familien-mitgliedern.
- ☐ Schreiben Sie neben jeden Namen die besonderen Stärken dieser Person.
- ☐ Könnten Ihnen einige dieser Stärken dabei helfen, ein wichtiges Problem zu lösen?

Fragen Sie sich:

Was könnte ich tun, um die Stärken anderer besser zu nutzen?

Wir sind umgeben von den Stärken anderer. Doch oft übersehen wir sie und greifen nicht darauf zurück.

»Wenn wir uns einzig und allein auf unsere eigenen Erfahrungen verlassen, leiden wir unter einem permanenten Daten- und Informationsmangel.«

Stephen R. Covey

7. WEG:

Die Säge schärfen

Laden Sie Ihre Batterien konstant in allen vier Dimensionen des menschlichen Seins auf: physisch, mental, spirituell und sozial-emotional.

7.
Weg

Erringen Sie Ihren »privaten Erfolg«

- ☐ Schreiben Sie auf, was Sie täglich für Ihre Erneuerung tun. Welche Rituale und Routinen haben Sie bereits fest in Ihrem Tagesablauf verankert?
- ☐ Wo können Sie sich noch verbessern?
- ☐ Reservieren Sie feste Zeiten für Ihre Erneuerung, wenn Sie die kommende Woche planen.

Fragen Sie sich:

Nehme ich mir jeden Tag Zeit für die Erneuerung von Körper, Verstand, Herz und Seele?

Was ist Ihr täglicher »privater Erfolg«? Es ist die Zeit, die Sie jeden Tag damit verbringen, Körper, Verstand, Herz und Seele zu erneuern. Das ist der Schlüssel, um alle 7 Wege immer mehr zu verinnerlichen.

»Was ist das Wertvollste, womit Sie eine Stunde Ihrer Zeit verbringen können? Nutzen Sie diese Stunde für Ihren täglichen ›privaten Erfolg‹. Das wird die Qualität und die Effektivität jeder weiteren Stunde Ihres Tages erheblich verbessern.«

Stephen R. Covey

7.
Weg

Tun Sie etwas für Ihre Fitness

☐ Suchen Sie sich eines der folgenden Dinge aus, um in dieser Woche etwas für Ihren Körper und Ihre Fitness zu tun:

- Stellen Sie Ihren Wecker – abends, damit Sie rechtzeitig ins Bett gehen und genügend Schlaf abbekommen.
- Finden Sie eine Möglichkeit, um aktiv zu sein, die Sie herausfordert.
- Fügen Sie Ihrem Fitnessprogramm eine neue Komponente hinzu – Ausdauer, Beweglichkeit, Muskelaufbau oder Krafttraining.

Fragen Sie sich:

Wie kann ich meine Fitness und meine Ausdauer verbessern?

Physische Erneuerung bedeutet, dass Sie gut für Ihren Körper sorgen. Dazu gehören eine gesunde Ernährung, ausreichend Entspannung und regelmäßige sportliche Aktivitäten.

»Viele denken, sie hätten keine Zeit, um etwas für ihre physische Erneuerung zu tun. Was für ein verzerrtes Paradigma! Wir haben keine Zeit, es nicht zu tun!«

Stephen R. Covey

7.
Weg

Kümmern Sie sich um Ihre Spiritualität

- [ ] Wählen Sie eine der folgenden Möglichkeiten, um in dieser Woche etwas für Ihre Seele und Ihre Spiritualität zu tun:
  - Überarbeiten Sie Ihr persönliches Leitbild.
  - Verbringen Sie Zeit in der Natur.
  - Hören Sie Musik oder komponieren Sie selbst welche.
  - Engagieren Sie sich ehrenamtlich für andere.

Fragen Sie sich:

Richte ich mein Leben an meinen Werten aus?

Spiritualität ist ein sehr persönlicher, überaus wichtiger Bereich. Sie verbindet uns mit den Quellen, die uns inspirieren und stärken.

»Die spirituelle Dimension ist Ihr Wesenskern, Ihr Zentrum, Ihre Verpflichtung auf Ihre innersten Werte.«

Stephen R. Covey

7.
Weg

Schärfen Sie Ihren Verstand

- [ ] Wählen Sie einen der folgenden Punkte, um etwas für Ihre geistige »Fitness« zu tun:
  - Führen Sie ein Tagebuch.
  - Lesen Sie einen Klassiker.
  - Probieren Sie ein neues Hobby aus.

---

7. Weg: Die Säge schärfen

Fragen Sie sich:

Was tue ich, um geistig fit und frisch zu bleiben?

Sobald sie die Schule hinter sich haben, lassen viele ihren Verstand verkümmern. Aber lernen ist wichtig für die mentale Erneuerung.

»Es gibt keinen besseren Weg, beständig seinen Geist zu erweitern, als es sich zur Gewohnheit zu machen, regelmäßig gute Literatur zu lesen.«

Stephen R. Covey

7.
Weg

Erfreuen Sie Ihr Herz

- [ ] Was werden Sie tun, um Ihre sozial-emotionale Kompetenz zu erhöhen? Wählen Sie eine der folgenden Möglichkeiten:
  - Laden Sie Freunde zum Abendessen ein.
  - Verzeihen Sie jemandem.
  - Schreiben oder mailen Sie einem Freund, von dem Sie schon lange nichts mehr gehört haben.

Fragen Sie sich:

Welche Beziehungen will ich in dieser Woche besonders pflegen?

Unser Gefühlsleben wird nicht ausschließlich, aber doch sehr stark durch unsere Beziehungen zu anderen Menschen geprägt.

»Die Seele eines anderen Menschen zu berühren ist wie Wandeln auf heiligem Grund.«

Stephen R. Covey

7.
Weg

Nehmen Sie sich Zeit für sich selbst

- ☐ Nehmen Sie sich heute 30 Minuten für sich selbst. Geben Sie sich die Erlaubnis dazu.
- ☐ Überlegen Sie: Was hilft Ihnen, Stress abzubauen? Tun Sie es einfach!

Fragen Sie sich:

Kommt es häufiger vor, dass mir dringende Dinge die Zeit für meine Erneuerung stehlen?

Erneuerung ist eine Quadrant-II-Aktivität. Wir müssen pro-aktiv sein, um uns die Zeit dafür zu nehmen.

»Was ist mit Abstand die wichtigste Investition, die wir in unserem Leben tätigen können? Die Investition in uns selbst!«

Stephen R. Covey

7.
Weg

Halten Sie die Technik im Zaum

☐ Tun Sie heute eines der folgenden Dinge, um Ablenkungen durch Smartphone, Internet, E-Mail und Co. zu verringern:

- Deaktivieren Sie Alarm- und Klingeltöne.
- Checken Sie Ihre Social-Media-Accounts nur einmal täglich.
- Ob im Beruf oder zu Hause: Verpflichten Sie sich, sich während eines Gesprächs nicht von Ihrem Smartphone ablenken zu lassen.
- Schalten Sie Ihr Mobiltelefon aus, während Sie an Ihren »großen Steinen« arbeiten.

Fragen Sie sich:

Nutze ich die Technik auf Kosten meiner wichtigsten Ziele und Beziehungen?

Smartphone, Internet und Co. sind eine schier unerschöpfliche Quelle für Dringlichkeit. Wir fühlen uns produktiv, wenn wir sofort auf jede Nachricht reagieren. Doch meistens sind wir einfach nur abgelenkt!

»Wir nutzen die Technik, um unsere Zeit besser zu managen, mehr zu erreichen und unsere Effizienz zu steigern. Doch am Ende verzetteln wir uns im Dickicht dringender, völlig unwichtiger Dinge.«

Stephen R. Covey

Bonus-
material

Leitbild-Navigator

»Wie anders unser Leben doch ist, wenn wir wissen, was wirklich wichtig ist. Wenn wir dieses Bild fest vor Augen haben, können wir jeden Tag dafür sorgen, das zu sein und das zu tun, was uns am Herzen liegt.«

Stephen R. Covey

Als wir diskutierten, welches Bonusmaterial wir zu diesem Büchlein hinzufügen sollten, fragte ich mich: »Was hat den größten Einfluss auf die Leser und ihre Zukunft?« Und dann erinnerte ich mich an die folgende Geschichte, die meine Kollegin Annie mir erzählt hatte:

> *»Ich gab viele Jahre lang Kurse an einem Community College. Dabei arbeitete ich auch mit den 7 Wegen. Es war eine unglaubliche Erfahrung, den teilweise sehr jungen, teilweise eher älteren und teilweise sehr untypischen Studenten etwas über die Kraft von Gewohnheiten, Zielen und Prinzipien beizubringen. Als ihre Dozentin und Freundin war ich sehr gespannt, welche Wirkung*

die 7 Wege auf die Studenten hatten. Ich wollte herausfinden, was sie am meisten zum Nachdenken gebracht hatte. Zudem wollte ich wissen, was für sie der größte Gewinn an meinem Kurs war. Deshalb habe ich eine ›Bonusfrage‹ in den Abschlusstest geschmuggelt.

Die Bonusfrage lautete: Welcher der 7 Wege ist der wichtigste für Sie – und warum? Ich war überrascht, dass die große Mehrheit der Studenten den 2. Weg nannte: »Schon am Anfang das Ende im Sinn haben.« Warum war das für die Studenten so wichtig? Die Gründe, die sie nannten, waren unterschiedlich. Dennoch gab es eine klare Tendenz: Die meisten Studenten hatten zum ersten Mal in ihrem Leben einen klaren Kurs für ihre Zukunft abgesteckt. Einige hatten eine ungefähre Vorstellung davon, was sie nach dem College studieren und welchen Beruf sie ergreifen wollten. Aber viele waren nur auf dem College, weil es von ihnen erwartet wurde. Etwa 99 Prozent meiner Studenten hatten keine Lebensvision – keinen Lebenssinn, der sie antrieb; keinen Beitrag, den sie leisten wollten.

Ich war total erstaunt, dass meine Studenten am Ende des Semesters einhellig dasselbe sagten: ›JETZT weiß ich endlich, was der Sinn und der Zweck meines Lebens ist.‹

Warum mich das so überrascht hat? Wahrscheinlich lag es daran, dass ich mir schon sehr früh darüber im Klaren war, was meine wichtigsten Ziele im Leben sind. Ich weiß nicht, wer oder was mich dazu gebracht hat, mich auf meine Ziele zu fokussieren. Aber ich habe es getan und bin davon ausgegangen, dass alle anderen das ebenfalls machen.«

Diese Erfahrung ist wahrscheinlich keine Seltenheit. Viele von uns wissen nicht, welchen Beitrag sie leisten wollen, was sie antreibt und was der Sinn ihres Lebens ist. Die Bonusseiten dieses Büchleins sollen Ihnen dabei helfen, genau das herauszufinden. Und wenn Sie es so gemacht haben wie Annie? Wenn Sie Ihre Ziele schon früh festgelegt haben? Wer weiß? Vielleicht ändern sich Ihre Ziele ja, wenn Sie sich noch mal intensiv damit beschäftigen.

Ich wünsche Ihnen viel Freude mit den Ideen und Anregungen, die auf den nächsten Seiten auf Sie warten. Stellen Sie sich beim Lesen bitte folgende Fragen:

- Bin ich mir im Klaren darüber, was der Sinn meines Lebens ist?
- Ist mir bewusst, welchen einzigartigen Beitrag ich erbringen kann? Was kann ich leisten, was andere nicht können oder wollen?
- Was und wer möchte ich im Leben sein?

- An welchen Werten und Prinzipien will ich mein Leben ausrichten?
- Welches Vermächtnis will ich später einmal hinterlassen?

Nutzen Sie alles, was Sie in diesem Büchlein lernen, um Ihr Leitbild zu verfassen. Werden Sie die effektivste Person, die Sie im Leben sein können. Ihre Effektivität kann die Welt verändern!

»Wenn Sie sich mit Ihrem Leitbild beschäftigen, wird Sie das verändern. Es fordert Sie dazu heraus, Ihre Prioritäten gründlich zu überdenken und Ihr Verhalten mit Ihren Werten in Einklang zu bringen. Sobald Sie damit beginnen, werden die Menschen in Ihrem Umfeld erkennen, dass Sie nicht länger ein Spielball der Dinge sind, die um Sie herum geschehen.«

Stephen R. Covey

Wie soll Ihr Lebenswerk aussehen?

Gleich gehts los mit der Arbeit an Ihrem Leitbild. Zuvor habe ich noch eine kleine Bitte an Sie: Suchen Sie sich für die Lektüre der nächsten Seiten einen ruhigen, absolut ungestörten Platz. Konzentrieren Sie sich nur auf das, was Sie lesen. Streichen Sie alles andere aus Ihren Gedanken.

•••

Stellen Sie sich vor, dass Sie zum Begräbnis eines geliebten Menschen gehen. Vor Ihrem geistigen Auge sehen Sie die Gesichter von Freunden und Familienangehörigen. Sie spüren die tiefe Trauer, die aus den Herzen dieser Menschen strömt.

Als Sie nach vorne gehen, um einen letzten Blick in den offenen Sarg zu werfen, sind Sie zutiefst überrascht: Sie liegen im Sarg. Es ist Ihre Beerdigung. All die Menschen sind gekommen, um Ihnen die letzte Ehre zu erweisen. Sie suchen sich einen Platz, warten auf den Beginn der Trauerfeier und werfen einen Blick ins Programm. Es wird vier Redner geben:

Der erste Trauerredner ist jemand aus Ihrer Familie. Der zweite ist einer Ihrer Freunde. Der dritte stammt aus Ihrem beruflichen Umfeld. Und der vierte kommt aus einer Organisation, für die Sie sich ehrenamtlich engagiert haben.

Überlegen Sie jetzt bitte sehr genau: Was würden Sie von jedem der Redner am liebsten über sich und Ihr Leben hören?

»Denken Sie intensiv darüber nach, was Sie bei Ihrer Beerdigung gerne über sich hören würden. So finden Sie Ihre ganz persönliche Definition von Erfolg.«

Haben Sie sich Ihre Beerdigung achtsam und bis ins kleinste Detail vorgestellt? Dann sind Sie für einen Moment mit Ihren tiefsten innersten Werten in Berührung gekommen. Sie haben Kontakt mit Ihrem inneren »Leitsystem« aufgenommen.

•••

Schon am Anfang das Ende im Sinn haben – was bedeutet das genau? Es heißt, dass Sie mit einem konkreten Ziel vor Augen starten. Sie wissen genau, wohin Sie wollen. Und: Ihnen ist bewusst, wo Sie auf dem Weg zum Ziel gerade stehen. So können Sie Ihre Schritte konsequent in die richtige Richtung lenken. Folgendes habe ich einmal über den 2. Weg geschrieben:

»Schon am Anfang das Ende im Sinn haben: Der 2. Weg hilft Ihnen, ein anschauliches Bild davon zu entwickeln, was Sie im Leben erreichen wollen. Dazu gehört auch, dass Sie Klarheit über Ihre wichtigsten Werte gewinnen und sich Ziele setzen. Der 1. Weg (Pro-aktiv sein) zeigt: Sie haben das Steuer Ihres Lebens in der Hand! Der 2. Weg baut darauf auf. Die Kernbotschaft lautet: Entscheiden Sie, wohin Sie im Leben wollen. Erstellen Sie dann einen Plan, der Sie sicher ans Ziel bringt.«

Sobald Sie wissen, was Ihnen wirklich wichtig ist, wird das Ihr Leben von Grund auf verändern. Halten Sie sich dieses Bild immer fest vor Augen. Gestalten Sie Ihr Leben so, dass Sie jeden Tag das sind und das tun, was Ihnen zutiefst am Herzen liegt. Wie Ihnen das am besten gelingt? Beschäftigen Sie sich mit Ihren »Lebensrollen«! Was ich damit meine?

Wir alle haben verschiedene Rollen, in denen wir Verantwortung tragen. Meine Rollen könnten beispielsweise sein: Ehemann, Vater, Lehrer und Unternehmer. Jede dieser Rollen ist wichtig. Doch: Wenn Menschen effektiver werden wollen, gibt es oft ein grundlegendes Problem. Viele denken zu einseitig. Sie verlieren das Gefühl für die Ausgewogenheit, die für ein effektives Leben unverzichtbar ist. Stattdessen ordnen sie alles der Arbeit unter und vernachlässigen ihre Familie, ihre Gesundheit oder ihr Hobby. Im Namen des beruflichen Erfolgs bleibt das, was wirklich wichtig ist, auf der Strecke.

Wie Sie das verhindern? Orientieren Sie sich bei der Erstellung Ihres Leitbilds an Ihren verschiedenen Rollen. Berücksichtigen Sie auch die Ziele, die Sie in jeder dieser Rollen erreichen wollen. Dann wird Ihr Leitbild wesentlich ausbalancierter sein und Sie können auch viel besser damit arbeiten.

Wenn Sie Ihr Leitbild mit Blick auf Ihre wichtigsten Rollen verfassen, gibt das Ihrem Leben Ausgeglichenheit und Harmonie. Sie haben jede Rolle klar vor Augen. So können Sie regelmäßig überprüfen, ob alle Rollen im Gleichgewicht sind. Dadurch verhindern Sie, dass Sie von einer Rolle total vereinnahmt werden und andere wichtige Bereiche auf der Strecke bleiben.

Haben Sie Klarheit über Ihre verschiedenen Rollen gewonnen? Dann können Sie über die langfristigen Ziele nachdenken, die Sie in jeder dieser Rollen erreichen wollen. Nutzen Sie dazu Ihre Vorstellungskraft, Ihre Kreativität, Ihr Gewissen und Ihre Inspiration. Dann werden Ihre Ziele völlig anders sein. Sie unterscheiden sich komplett von den Zielen, die sich Leute gewöhnlich setzen. Denn diese Ziele stehen in Einklang mit korrekten Prinzipien – mit Naturgesetzen. Das wird Ihnen wesentlich mehr Kraft und Motivation geben, Ihre Ziele auch zu erreichen. Es sind nicht die Ziele eines anderen, die Sie einfach übernommen haben. Es sind *Ihre* Ziele. Sie spiegeln Ihre innersten Werte, Ihr einzigartiges Talent, Ihre persönliche Berufung.

»Ich glaube, jeder von uns hat ein inneres Gespür, ein Radar, ein *Gewissen*. Es verschafft uns Klarheit über unsere Einzigartigkeit und die einmaligen Beiträge, die nur wir im Leben leisten können.«

Ein effektives Ziel legt den Fokus auf Ergebnisse, nicht auf Aktivitäten. Es legt fest, wo Sie hinwollen. Und: Es hilft Ihnen, immer genau zu wissen, wo Sie auf Ihrem Weg zum Ziel gerade stehen.

Rollen und Ziele geben Ihrem Leitbild eine Struktur und eine klare Richtung. Haben Sie noch kein persönliches Leitbild? Dann sind Ihre Rollen und Ihre Ziele ein guter Ausgangspunkt, um mit der Ausarbeitung zu beginnen. Erstellen Sie eine Liste mit Ihren wichtigsten Lebensrollen. Notieren Sie zu jeder Rolle zwei oder drei Ziele. Wählen Sie Ziele aus, die Sie wirklich weiterbringen. Das wird Ihnen einen guten Gesamtüberblick über Ihr Leben geben. Zudem hilft es Ihnen, sich zu orientieren und Ihre Schritte in die richtige Richtung zu lenken.

Fragebogen für Ihr Leitbild

Schritt 1: Leistung

Ich bringe Höchstleistungen, wenn ...

Ich bin nicht besonders leistungsfähig, wenn ...

Schritt 2: Leidenschaft

Was liebe ich an meiner Arbeit?

Was liebe ich an meinem Privatleben?

Schritt 3: Talente

Meine besonderen Talente und Begabungen sind ...

(Beispielsweise Zeichnen, Musik, Entscheidungen treffen, ein guter Freund sein ...)

Schritt 4: Wunschvorstellung

Wenn ich unbegrenzt Zeit und alle nötigen Ressourcen hätte und ich zudem wüsste, dass ich nicht scheitern kann, was würde ich dann machen?

Ich würde ...

Schritt 5: Vision

Stellen Sie sich vor, Ihr Leben ist eine spannende Abenteuerreise – und Sie spielen die Hauptrolle. Wie würde diese Reise aussehen? Vervollständigen Sie den folgenden Satz, indem Sie beschreiben, was Sie tun, für wen Sie es tun, warum Sie es tun und welche Ergebnisse Sie dabei erzielen:

Meine Lebensreise …

Schritt 6: Charakter

Stellen Sie sich vor, Sie feiern Ihren 80. Geburtstag. Wer wird mit Ihnen feiern? Was sollen Ihre Gäste über Ihr Leben sagen?

Schritt 7: Beitrag

Was wird der wichtigste Beitrag für die Menschen, die mir am meisten am Herzen liegen, sein?

Schritt 8: Gewissen

Gibt es Dinge, die ich unbedingt tun oder ändern sollte? Habe ich den Gedanken daran bisher immer wieder verdrängt? Welche Dinge sind das?

Schritt 9: Einfluss

Stellen Sie sich vor, Sie laden die drei Menschen zum Abendessen ein, die den größten Einfluss auf Sie und Ihr Leben hatten. Tragen Sie die Namen dieser Personen in die Felder unten ein. Notieren Sie auch, welche Charaktermerkmale, Wesenszüge oder Eigenschaften Sie an diesen Leuten am meisten bewundern:

1. Name: ....

1. Eigenschaft: ....

2. Name: ....

2. Eigenschaft: ....

3. Name: ....

3. Eigenschaft: ....

Schritt 10: Balance

Stellen Sie sich Balance als Erfüllung und Erneuerung in allen vier Dimensionen des Lebens vor – physisch, geistig, mental und sozial-emotional. Was könnten Sie in jedem dieser Bereiche tun, um Ausgeglichenheit und Harmonie in Ihr Leben zu bringen? Notieren Sie für jeden dieser Bereiche den einen Punkt, der die größten positiven Auswirkungen hätte:

Physisch: ....

Geistig: ....

Mental: ....

Sozial-emotional: ....

Im Lauf der Jahre werden sich Ihre Lebensumstände ändern. Ihre Prioritäten werden sich ändern. Ihre Ziele und Träume werden sich ändern. Das ist in Ordnung. Denn: Veränderung bedeutet Wachstum. Während Sie wachsen, sich weiterentwickeln und Ihren Horizont erweitern, sollten Sie sich regelmäßig Zeit nehmen, um Ihr Leitbild zu überarbeiten.

Ihr Leitbild zu formulieren oder zu überarbeiten, wird Sie verändern. Es zwingt Sie dazu, Ihre Prioritäten sorgfältig zu überdenken und Ihr Verhalten in Einklang mit Ihren Überzeugungen zu bringen. Sobald Sie das tun, spüren auch andere Menschen, dass Sie nicht einfach von dem getrieben werden, was Ihnen im Leben widerfährt. Und Sie selbst sehen in Ihrem künftigen Tun eine Berufung, die Ihnen tief in Ihrem Inneren große Freude bereitet.

Also, legen Sie los! Geben Sie sich einen Ruck. Beenden Sie dieses Kapitel nicht, ohne einen ersten Entwurf für Ihr Leitbild zu erstellen.

»Das Leben ist eine Reise – und Ihr Leitbild ist Ihr Navigationssystem!«

Inspiration und Motivation für Ihr Leitbild und Ihre Ziele

»Ihr Leitbild ist Ihre Verfassung. Der klare Ausdruck Ihrer Vision und Ihrer Werte. Es ist das Kriterium, an dem Sie alles andere in Ihrem Leben messen.«

Stephen R. Covey

»Wenn man nicht weiß, welchen Hafen man ansteuert, ist kein Wind günstig.«

Seneca

»Meine Mission ist, nicht gerade so zu überleben, sondern aufzublühen – und das mit etwas Leidenschaft, etwas Mitgefühl, etwas Humor und etwas Stil.«

Maya Angelou

»Wenn Sie pro-aktiv sind, brauchen Sie nicht zu warten, bis äußere Umstände oder andere Menschen Ihnen neue Perspektiven aufzeigen. Sie können das ganz bewusst selbst tun!«

Stephen R. Covey

»Fokussieren Sie sich auf die Mission.«

Naveen Jain

»Hier ist ein Test, um herauszufinden, ob Ihre Mission auf dieser Erde zu Ende ist: Solange Sie leben, ist sie nicht beendet.«

Richard Bach

»Ein Leitbild ist nichts, was man einfach so über Nacht schreiben kann. Bis die endgültige Version gefunden ist, sind tiefe Einsicht, sorgfältige Analyse und oft auch mehrere Überarbeitungen nötig. Es kann einige Wochen oder sogar Monate dauern, bis Sie sich mit Ihrem Leitbild richtig wohlfühlen. Bis Sie spüren, dass Sie einen vollständigen, stimmigen Ausdruck Ihrer innersten Werte und Ziele gefunden haben.«

Stephen R. Covey

»Wenn Du nicht weißt, wo du hinwillst, ist es egal, welchen Weg du einschlägst.«

Lewis Carroll, Alice im Wunderland

»Ich habe mich schon immer von Frauen inspirieren lassen – und meine Mission war es, Frauen zu inspirieren. Ich wollte immer eine bestimmte Art von Frau werden. Diese Frau wurde ich durch Mode. Es war ein Dialog. Ich denke, dass das Wickelkleid den Frauen neues Selbstbewusst geschenkt hat – und das zeigte sich dann auch an ihrem Auftreten und ihrem Handeln.«

Diane von Furstenberg

»Ein persönliches Leitbild ist wie ein Baum mit tiefen Wurzeln. Er ist stark und steht fest an seinem Platz. Gleichzeitig ist er sehr lebendig und wächst beständig.«

Sean Covey

»Je größer die Mission, desto größer die Inspiration, die du daraus beziehst.«

Ryuho Okawa

»Persönliche Führung ist keine einmalige Sache. Es beginnt oder endet nicht mit dem Verfassen eines persönlichen Leitbilds. Vielmehr ist persönliche Führung ein kontinuierlicher Prozess. Es geht darum, dass Sie Ihre Vision und Ihre Werte immer fest im Blick haben. Nur dann können Sie Ihr Leben so ausrichten, dass es mit den Dingen, die Ihnen wirklich wichtig sind, in Einklang steht.«

Stephen R. Covey

Affirmationen für unterwegs

Hier sind einige Affirmationen. Diese Affirmationen helfen Ihnen, Ihren Fokus auf Ihrer Lebensmission zu behalten. Zudem rufen sie Ihnen die Kraft der Prinzipien und Gewohnheiten ins Gedächtnis.

Mein Tipp: Suchen Sie sich zu jedem der 7 Wege eine Affirmation aus. Wiederholen Sie diese Affirmation mehrmals täglich. Konzentrieren Sie sich auf diese Affirmation. Achten Sie darauf, wie sich Ihre Sicht der Dinge verändert.

1. Weg: Pro-aktiv sein

- Meine Fähigkeit, Herausforderungen zu meistern, ist grenzenlos. Mein Erfolgspotenzial ist unendlich.
- Ich wache jeden Morgen voller positiver Energie und Begeisterung für das Leben auf.
- Ich achte auf meine Worte. Meine Sprache ist pro-aktiv.
- Ich stehe zu meinen Fehlern. Der einzige Fehler ist aufzugeben. Ich lerne aus meinen Fehlern.
- Ich sehe Widerstand als Herausforderung, nicht als unüberwindbares Hindernis.
- Ich stelle mich meinen Ängsten. Ich lerne aus ihnen.
- Ich drücke den »Pausenknopf«. Ich denke nach, bevor ich auf schwierige oder emotionale Situationen reagiere

2. Weg: Schon am Anfang das Ende im Sinn haben

- Ich bin bereit, neues, unbekanntes Terrain zu entdecken.
- Ich bin der Gestalter meines Lebens. Ich bilde das Fundament und ich wähle die Inhalte.
- Ich lebe im Einklang mit meiner Mission. Ich folge dem Takt meines Herzens. Ich bin ich selbst – und nicht das, was andere aus mir machen wollen.
- Ich folge meiner Bestimmung. Ich investiere meine Zeit, meine Talente und meine Fähigkeiten in die Aktivitäten, die dazu beitragen, dass ich den höheren Zweck meines Lebens erfüllen kann.
- Ich bin der Kapitän meines Schiffs. Ich bestimme den Kurs – und ich bestimme die Ladung.
- Ich beziehe mich auf mein Leitbild, wenn ich eine wichtige Entscheidung treffen muss.
- Ich frage mich regelmäßig: »Bin ich noch auf Kurs? Bringt mich das Leben, das ich führe, in die richtige Richtung?«

3. Weg: Das Wichtigste zuerst tun

- Mein Verstand ist frisch, klar und auf den Fortschritt im Hinblick auf meine Ziele fokussiert.
- Meine täglichen Ziele stellen sicher, dass ich meine langfristigen Ziele erreiche.
- Heute werde ich mich voll und ganz auf meine Arbeit konzentrieren. Ich werde den ganzen Tag achtsam und aufmerksam sein.
- Heute werde ich Zeit in eine wichtige Beziehung investieren.
- Ich verwandle meine Träume in Ziele. Ich verwandle meine Ziele in Handlungsschritte. Ich verwandle meine Handlungsschritte in Aufgaben. Ich bringe jeden Tag eine Aufgabe zu Ende.
- Ich konzentriere alle meine Anstrengungen auf die Dinge, die ich im Leben erreichen will.
- Ich verbringe meine Zeit mit den Menschen und den Dingen, die mir wirklich wichtig sind.

4. Weg: Win-Win-Denken

- Ich begegne herausfordernden Situationen mit der richtigen Balance zwischen Mut und Rücksicht. So werde ich auch in schwierigen Fällen gute Lösungen finden.
- Bei der Suche nach Win-Win-Lösungen konzentriere ich mich auf Probleme, nicht auf Persönlichkeiten oder Positionen.
- Ich freue mich aufrichtig über den Erfolg der anderen.
- Meine Überfluss-Mentalität entspringt einem tiefen inneren Gefühl von Selbstwert und Sicherheit.
- Ich entscheide mich für eine Win-Win-Einstellung bei allen menschlichen Interaktionen – sowohl in meinem Herzen als auch in meinem Verstand.
- Ich praktiziere Win-Win voller Überzeugung als Gewohnheit zwischenmenschlicher Führung.
- Wenn andere in Gewinn-Verlust gefangen sind, bringe ich Mut und Rücksicht in Balance und mache ich mich auf die Suche nach dem gegenseitigen Vorteil.

5. Weg: Erst verstehen, dann verstanden werden

- Ich höre aufmerksam zu – ohne zu urteilen, sondern um den anderen wirklich zu verstehen.
- Ich entscheide mich, die Dinge aus der Perspektive des anderen zu sehen, bevor ich meinen eigenen Standpunkt darlege.
- Das tiefste Bedürfnis des menschlichen Herzens ist der Wunsch, verstanden zu werden.
- Ich höre nicht nur mit meinen Ohren, sondern vor allem mit meinem Herzen und meinen Augen.
- Ich zeige anderen meine Fürsorge und meine Zuneigung durch einfühlendes Zuhören.
- Ich achte sorgfältig auf den Zeitpunkt und auf meine Wortwahl, wenn ich anderen ein Feedback gebe.
- Ich bin geduldig und verständnisvoll gegenüber anderen und auch gegenüber mir selbst.

6. Weg: Synergien schaffen

- Ich bin ein Problemlöser. Ich arbeite mit anderen zusammen, um die beste Lösung zu finden.
- Ich freue mich über Vielfalt und schätze die Unterschiede von Menschen und Ideen.
- In meinen persönlichen Beziehungen schaffe ich die besten Voraussetzungen für Synergie – ein gut gefülltes emotionales Beziehungskonto, Win-Win-Denken und einfühlendes Zuhören.
- Ich suche und nutze Möglichkeiten für Teamwork und Kommunikation.
- Ich setze mich dafür ein, dass alle Hand in Hand zusammenarbeiten, um eine 3. Alternative zu finden.
- Für jeden von uns gibt es Vorteile, Anerkennung und Erfolg im Überfluss

7. Weg: Die Säge schärfen

- Ich bin fit, gesund und voller Selbstvertrauen. Mein Aussehen spiegelt mein inneres Wohlbefinden.
- Ich strebe nach Balance in allen vier Lebensbereichen – physisch, spirituell, mental und sozial-emotional.
- Das Leben ist eine aufwärtsgerichtete Spirale aus Lernen, Sich-Verpflichten und Handeln – und immer wieder Lernen, Sich-Verpflichten und Handeln.
- Ich bin ruhig und entspannt – das gibt mir neue Kraft und Energie.
- Mein Körper ist ein Wunderwerk der Natur. Ich treibe keinen Raubbau an meinem Körper, sondern achte sorgfältig darauf.
- Ich suche nach Möglichkeiten, andere aufzubauen anstatt sie niederzumachen.
- Ich finde Ruhe und Frieden in der Natur.
- Ich nutze meine Vorstellungskraft, um zu visualisieren, wie ich meine Ziele erreiche.

7 schnelle Take-aways aus den *7 Wegen für unterwegs*

1. Weg: Pro-aktiv sein

Übernehmen Sie die Verantwortung für Ihr Leben. Sie sind kein Opfer Ihrer Gene, Ihrer Lebensumstände oder Ihrer Erziehung. Leben Sie Ihr Leben aus Ihrem Einflussbereich heraus.

2. Weg: Schon am Anfang das Ende im Sinn haben

Verschaffen Sie sich Klarheit über Ihre Werte, Ihr Leitbild und Ihre Ziele. Leben Sie Ihr Leben im Einklang mit Ihrer Vision.

3. Weg: Das Wichtigste zuerst tun

Priorisieren Sie Ihre Aktivitäten und konzentrieren Sie sich auf das Wichtigste. Verbringen Sie mehr Zeit in Quadrant II – hier sind die Dinge, die wichtig, aber nicht dringend sind.

4. Weg: Win-Win-Denken

Entwickeln Sie eine Win-Win-Einstellung. Freuen Sie sich aufrichtig über den Erfolg der anderen.

5. Weg: Erst verstehen, dann verstanden werden

Hören Sie anderen immer erst einfühlend zu. Danach sind Sie an der Reihe. Helfen Sie den anderen dann, Sie zu verstehen.

6. Weg: Synergien schaffen

Schätzen Sie Unterschiede. So können Sie viel mehr erreichen, als Sie allein jemals zustande gebracht hätten.

7. Weg: Die Säge schärfen

Laden Sie Ihre Batterien regelmäßig auf. Berücksichtigen Sie dabei alle vier Dimensionen des Lebens – physisch, mental, spirituell und sozial-emotional.

*»Wie anders unser Leben doch ist,
wenn wir wirklich wissen, was uns tief
in unserem Herzen wichtig ist.«*

Stephen R. Covey

Stephen R. Covey

Stephen R. Covey hinterließ bei seinem Tod im Jahr 2012 ein beispielloses Vermächtnis zu Themen wie Effektivität, Erfolg, Zeitmanagement, Führung, Liebe, Partnerschaft und Familie. In seinen Selbsthilfebüchern und Businessklassikern ging es ihm darum, den Leserinnen und Lesern die zeitlosen, universellen Prinzipien nahezubringen, die sie zu persönlicher und beruflicher Effektivität führen.

Laut *Time Magazine* zählt der international anerkannte Berater, Führungs- und Familienexperte und Autor zu den 25 einflussreichsten US-Amerikanern. Mit seinen Erkenntnissen und Einsichten hat er Millionen von Menschen bei ihrer beruflichen und persönlichen Weiterentwicklung inspiriert und unterstützt. Sein internationaler Bestseller *Die 7 Wege zur Effektivität* gilt als »das einflussreichste Wirtschaftsbuch des 20. Jahrhunderts«.

Weitere Bestseller von Stephen R. Covey sind *Die 3. Alternative, Der 8. Weg, Die 7 Wege zur Effektivität für Familien* oder *Der Weg zum Wesentlichen.* Bislang wurden mehr als 40 Millionen Exemplare der Bücher von Stephen R. Covey weltweit verkauft. Seine Werke wurden in über 50 Sprachen übersetzt.

Stephen R. Covey studierte Betriebswirtschaftslehre an der Harvard Business School. Anschließend promovierte er an der Brigham Young University. Dort war er viele Jahre als Professor für Organisationsentwicklung und Unternehmensführung tätig. Er lebte mit seiner Frau Sandra und seiner Familie in Utah.

STEPHEN R. COVEYS

DIE 7 WEGE ZUR EFFEKTIVITÄT

DER WELTBESTSELLER

BEI GABAL

KOMPAKTAUSGABE

Mehr Effektivität – mehr Lebensfreude!

HIER GEHT ES UM SIE: In der Kompaktausgabe stehen Ihre persönliche Weiterentwicklung und Ihr privates Glück voll und ganz im Mittelpunkt.

NEU: Mit aktuellen Beispielen, hilfreichen Tipps und persönlichen Anekdoten von Sean Covey, Bestsellerautor und Sohn von Stephen R. Covey.

- Gekürzte Kompaktausgabe im praktischen Broschur-Format
- Fokus auf Persönlichkeitsentwicklung & Privatleben
- Schneller, einfacher Einstieg in die 7 Wege

ISBN 978-3-96739-066-7